理性的浅滩

秦风 著

First edition
Editing by Qinfeng Zhang
First printing March 2020
Published by Comte Barcelona

ISBN: 978-84-121756-8-4(Paperback Edition)
ISBN: 978-84-121756-9-1(Digital Edition)
Visit https://comtebarcelona.com

书名：理性的浅滩
著者：秦风
版次：2020年3月第1版
编辑：张秦峰
出版发行：巴塞罗那伯爵出版社

ISBN: 978-84-121756-8-4(平装版)
ISBN: 978-84-121756-9-1(电子版)
详情可访问网站：https://comtebarcelona.com

目录

自序

我们不知道，人类最早说出的第一个词语是什么，但可以肯定的是，自我们学会了说话，便用它来追求异性。

诗，如同枝头求偶的鸟，婉转地歌唱着自己的爱慕。

真正开始写作，便是从给初恋女生的小纸条。这些年来，断断续续，竟然积攒下来了有不少，很多其实也无关爱情，只是自己某个时刻的真实情感表达。

这么多年过去了，可能已经不记得某个人、某件事，甚至好几个整年，都记不住曾做过什么。唯留下来一首首诗，这些诗中所表达的意境，至今读来，却能让我回想起写诗时候的景色，那时候的心情。

随着年华逝去，人往往失去了当初的纯真，不再花时间去消化自己的低落情感，越来越理性，更不再写诗。

这本诗集，是对自己过去几十年的感情记录，是搁浅了日常生活理性的片刻，暂时让心中的情感蓬勃抒发。有些是早年的作品，可能显得过于稚嫩，属于为赋新词强说愁，但谁又不是从年轻过来呢？

全书分为七个部分，只是按照大致的主题，却并未按照写作时间来排列，有的诗已找不到具体的写作时间了，因此干脆省去。

以此来纪念，曾经年轻过的自己。

秦风

2020 年 3 月 10 日

于西班牙巴塞罗那

献给荷尔蒙

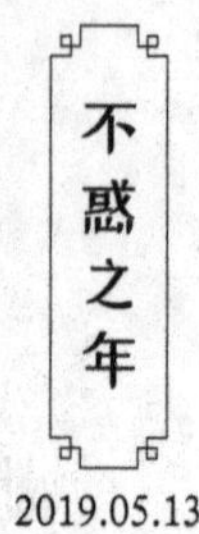

不惑之年

2019.05.13

或许不再执着于

男男女女

情情爱爱

缠缠绵绵

却也始终无法摆脱

怀念过去

惆怅未来

忧虑当今

人呢！

终究看不透自己

却装作看透了红尘

吐出一口饱经风霜的烟圈

告诉少年

曾经的你

也坐在星空下

心中满是憧憬

你已不再是

捧着自然课本

坐在田埂上

辨识人马座的少年

但仍然对这个世界

无关乎生计的问题

充满着好奇

只是，只是
偷偷冒出来白发
性情中的光滑
孩子口中的"爸爸"
如镜子般
提醒着你
脸上早没有了
当年的意气风发

八零的我们
原本是一个
被批判过
被期待过
也被学习过的
新世纪一代

而今
当年那些"帅锅""美眉"们
如同过气了的网络词汇
成为了QQ空间里
最后一次更新

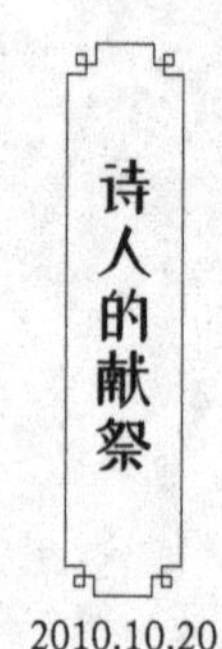

诗人的献祭

2010.10.20

没有你的躯体

在没有灵魂的城市里游荡

唯有靠星辰和太阳

来辨别你的方向

找到暂寄这借来的空壳的帏帐

言语成了最好的隐藏

但身形却突兀来眼光的异样

能言善辩输给了有口难言的智障

高谈阔论淹没在窃窃私语的海洋

我不确信

如果分离是诗歌的生产线

为何那么多人沉浸在幸福的温床

又或者

它从来都是孤独者的献祭

供奉那个叫"爱"的神龛

我怕

灯闭上眼睛

让我猜测你的神情

无奈在辗转中等待

你的苏醒

直到和阳光互相问候

我才能睡意朦胧

2011.12.31

夜半惊醒，诗兴大发，于朦胧中化梦入诗。想念，如同辗转反侧的枕褥。

一

理性的尸体

风干在潜意识的沙滩

时间扭曲成夏日的甜筒

装裹不下融化的爱情

我边走边滴撒下

梦里的无法自控

海水一波波的酝酿

却无法达至最后的高潮

只带走污浊在沙滩脚印间的嘲笑

却把那干尸冲洗的分外妖娆

压在你身上的阳伞背影

痴痴地向我炫耀

它指向盘旋中海鸟的硬度

而你呆滞的目光

猥琐在阳光的黑斑里

看它在我面前出糗

二

你岔开双腿

是要这个世界诞生

还是要它回归到子宫里

路人遮遮掩掩地走过

却不敢正眼

如同虔诚的人们

在膜拜创造他们的神面前

不敢仰视

只有天海两蓝的背景

映托你挺起的乳房

海在咆哮中

卷走或带回横隔在你我间的僵尸

三

我却在一场雷雨后

坐在苏式园林的一角

捧起你献上的热茶

将黑子放在被围攻的空隙中

打劫

你嫣然的清风

抚动欲立的蜻蜓

一滴露水

从满目碧绿的荷叶跌落

惊起的春寒

与干尸重重从亭梁上方摔下的姿态吻合

我捧起一卷《断肠词》

咒语般令你疼痛倒地

四

在白色布景中

你看到忙碌的医生为我摘除

血红的心脏

又拉开你胸口的拉链

轻轻放入

你可怜的身体没来得及排斥

你的眼睛是我心灵的窗口

足以

你为何还需一具难堪的男性肉体

我为何不能放弃高傲的女性贞操

我们是雌雄同体

不用再忍受双性繁殖出错的几率

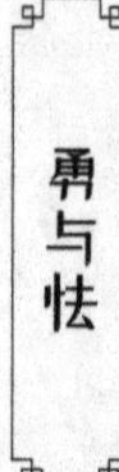

2012.1.3

夜的寂寞　　　　　回忆在
月能懂　　　　　　踏过的落叶
你的字　　　　　　依稀可辨
却无法猜透　　　　你的雅兴
　　　　　　　　　轻轻碾碎

芭蕉难以承受　　　深藏的幻想
雨的重　　　　　　踟蹰
滑落的姿态　　　　一如当年
如同我的离愁　　　我的胆怯
渗入泥土　　　　　不敢牵起
南归的燕　　　　　近在咫尺的你的手
衔起泥土　　　　　却有勇气
在春天　　　　　　花一个轮回
又收获一绿　　　　观看
等候　　　　　　　最后一行字幕

逐日

2012.1.15

后羿狂奔

太阳的嘲笑

淹没了疲惫不堪

他憎恨

没有影子的大地

如同行尸走肉

最后一把箭

飞行如娥

渐密的胡须

是装反了的翎羽

弓弦放松的站姿

石化成雕塑

在地上

拖延着长长的身影

不是每首诗歌

需要爱情当作料

不是每次献祭

都成为不屈的功绩

我循着

太阳的脚步

追逐后羿

你呆立的位置

是阳光照射的标记

讽刺如风

侵蚀你脸上

斑斑蚀刻

唯有弦的硬度

执着往日的坚持

依能奏起

我飞身离去的声音

2012.1.17

枝藤扭曲的身形

为博得阳光一笑的眷顾

可你却依循月亮的脚步

在夜里

我总是暴露

无知的丑陋

去满足猴子捞月的忙碌

或许日食的偶遇

能慰籍徒劳

而黄道的轨迹

总留给我

向上攀登的勇气

停在最近你的距离

招手

留下一眸的希冀

是月休憩的夜

喧闹沉寂

在你我共捧的清照词里

融化彼此对执着的怜惜

冬季

不再是我的死期

而是祈祷成化石的咒语

如此才可以

将你

凝固成永恒的回忆

2012.1.23

干燥
灵魂蒸发
垂怜肉体的挣扎

我模拟佛陀的坐姿
透过雾气
看清
尘世的繁华

却渡不去
玉里的瑕
不若
重归梦里
梦见庄周的话

无力拈起
镜中的花

悟道的木鱼声里
对敲打它的和尚
鞭挞

是躯干逃不脱
不想做空壳

也罢
毕竟谁都死过

与诗同行

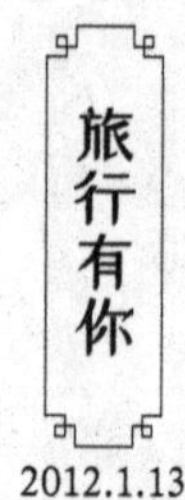

2012.1.13

摆拍的照片
不会因为
你的缺失
而成为一种孤单
我定会在某刻
为你
在我站的位置
补拍
或者让回忆填满

眼睛　　　　嘀嘀的自语
是心的快门　　为你介绍
我通过　　　我走过的足迹
思念发送　　快乐
一张张风景　　其实很简单
你替我存储的空间　一个人的旅行
已经足够　　两个人的期盼

威尼斯剪影

圣马可广场少了往日

为利争吵的喧哗

多的是游客的拥挤

行在船上

两边形状各异

相互斗艳的窗与门楣

都没有等候着我

回家的少女

用眼留不住

也看不完

这座水城的角落

返程的鸣笛

催告着回乡的游子

雨中泥泞的靴形

由火车撕开雨的屏障

春雨中的威尼斯

脚掌敲击倒影

探访故人

是去年匆匆的身影

桥与桥相恋的城市

水与雨拥抱的涟漪

洗净莎翁的疑虑

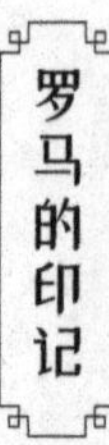

罗马的印记

散落在现代

见证或

嘲讽历史

辉煌的短暂

残垣碎片中

似乎还奏响着塞琉斯

宫中的音乐

那已经斑驳的白色石床

是否还留着埃及艳后的香艳　　　自然有了崇高和美

罗马的印记　　　　　　　　　　遗迹拉上铁网

依靠坚固　　　　　　　　　　　一拨拨朝圣者

挽救了罗马　　　　　　　　　　未曾被凯撒

未曾在那场长夜中　　　　　　　未曾被十字军

遭遇向往天国的一撇　　　　　　征服的后裔

却在彼得拉克的笔下　　　　　　却拿起各自的装备

惊起人的关注　　　　　　　　　致意

2012.1.13

流过的夜

田野繁星坠落

我不理解

车厢的寂静

昏暗的灯　　　　　　　旅行是一场心的外遇

是孤独的折射　　　　　仿佛相会的车

　　　　　　　　　　　各自保持平行

陌生被关进　　　　　　且永不相交的距离

彼此防范的空隙　　　　呼啸而过

畅谈的吊诡　　　　　　增加的

在于不识姓名的亲密　　无非是喧嚣的分贝

2012.1.21

落日烧尽的残骸

让天露出腼腆

一如牵起你的手时的脸

海平面构思穹的轮廓

华灯初上早一步

繁星点点

沙滩留不住

我的思念

2012.1.5

没有清澈

海鸟分不清上下

猛地冲向高处

以为能激起几多浪花

海浪卷起的姿态

如云

依稀衬映

那年为你拣拾贝壳的少年

留在沙滩的脚印

寄给你的南方

是否因为冬天

不曾发芽

视线尽头的船舶

是我未曾到达的表白

还是你前来宣判的使者

或是希望

既未等他靠近

也未等他远离

我已如海鸟

炫花了天地

理性的堤坝

防挡不住

日久来侵的追忆

在波涛汹涌后

我放弃成一片散沙

任由

风吹浪打

潮水起落

没有你的天空

犹如没有我的牵挂

诗的节日

元旦夜，至巴塞城中迎新年。由作。

2012.1.1

繁华　　　　　　我只希望透过我的眼睛

在末日的狂欢里　你的心始终能欣赏

充满诡异　　　　又何苦将它分享

迷情的酒被隔离　给漠不关心

但谁不是

宁愿把亢奋装进脑里　为何都在翘首

也不愿随着尿道排除体外　距离死亡渐进的钟声

或许纪念是给

被刻意挑逗起的水　彼此共度的记忆

跟不上音乐的节拍　但愿不会在

起舞　　　　　　钟声敲响的那刻

指针的方向　　　消失殆尽

没人注视

那一弯下弦月　　在人群中

才能体验孤单

游荡变得正当　　而独处时

尤其在喧闹中　　显得异常丰盈

没人认出内心的孤寂　过往的人

这不是我的新年　每个都有一生的故事

自你远去　　　　擦肩而过

我的年轮定格在　与我何干

我们彼此拥抱的时刻　彼此只是

值得怀念的某刻
的背影
或许一种安全距离
才是陌生人的契约
被遗弃在世界
不曾呐喊
却为何要等待
永远一个人遵守的约会

除夕

2012.1.21

唱着你的悲伤
是我的错
在栏杆上
驻立的不够久
等不及南飞的燕
带来你的春天
却在叹息后
将种子散落

腐烂是清明的祭奠
情人节的花朵
却是黄色
在焚烧的信件前
唱一曲爱情挽歌
只希望
你依然能守候
已婚的我

曲终人散
我迟迟不愿
让夜挥霍
月的寂寞
去侵扰你幸福的窝
送上心口不一的祝愿
留一只空杯
喝尽满是伤的回忆

声音的喧闹环绕
心的空
人的众
抵不住
形单只影
笑的哭
只有痛过的人懂
一场异国的思念

等待接听

在除夕夜送上

浅浅的问候

深怕你屏蔽掉

在未知的通讯录

不单是倾诉

而是青春的陌生

有幸

在按键挂断的瞬间

你接起绿色的按钮

新年快乐后

我再也找不出

继续通话的借口

"就这样吧！"

只有你

懂

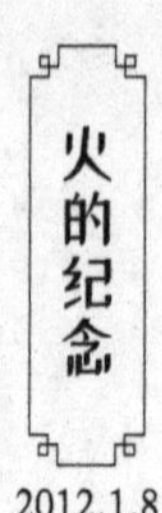

火的纪念

2012.1.8

叶不在的枝干

秋易憔悴

瘦成冬的雨

抵挡不住寒

浸湿的不是春

而是孤单

形单的云

吞噬了只影

遗失片片足迹

落在水迹上　　　　若夜色由暗

回荡　　　　　　　渐逝的是心

失却了本质　　　　再也听不进

火舞动的姿态　　　建筑的哭泣

凄凉地如它的纪念　游荡是城市的寂寞

无温度的表情　　　挤进繁华里

剩过风里的冷　　　天使跌落

定型成　　　　　　化妆成谁的背影

纪念碑的红　　　　耳边

烧不尽历史的厚重　你的声音响起

2012.2.13

沙漠无雨
仙人掌不是达尔文的论据
它支撑自己的方式
如时时俯览自己的秃鹫。

雨若偶遇的旧时知己
略感欣慰
但太阳才是可以暴露自己灵魂的伴侣。
当江南移居
坚强遭遇死亡的通知书
才明白变幻无常不像炽热值得等待。

我定期寄送的节气
不会让孤单远离你
而让你总纠结在难懂的花语。

或者我的收件人
从来都是旧时的自己
搅乱心神的不是你
而是未曾的放弃。

情人节无花
不再打电话
我以为你以为我自以为是
我执着着你执着过的执着。

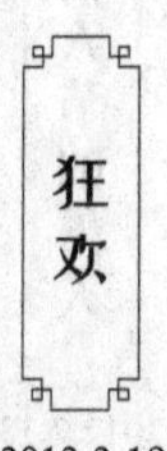

狂欢

2012.2.19

魑魅魍魉装扮成人

笑容可掬地

游荡

冷清的街道

被热情充溢

面具

是隐藏距离的道具

有时隔离的是陌生

有时是亲密

窥视

成了异国风情

观看是表演者的

戏剧

我假装成你

用欢呼掩饰

孤寂

不用化妆

扮演的已不是自己

感谢她，让他活得体面

2020.3.8，献给所有参与有性生殖的物种

起初

本没有性　　　　　　　他

若有　　　　　　　　　便不再是必需品

那也只叫做　　　　　　她本可以

她　　　　　　　　　　在有性与无性之间

本可以自我复制　　　　游离

不需要　　　　　　　　有余地处理

牺牲　　　　　　　　　自己的身体

另一半的她

稀释的　　　　　　　　然而

不仅是基因　　　　　　演化的棘轮

更是　　　　　　　　　没有回头的路

无故多出　　　　　　　她只能卷缩

择偶的代价　　　　　　在他掌控的文字里

　　　　　　　　　　　在他书写的历史里

雄性　　　　　　　　　在他发明的理论里

不过是　　　　　　　　在他主宰的权力里

用来应急的备选方案　　变成

不得已　　　　　　　　阳性的一个变体

向自然的妥协折衷　　　夏娃的一根肋骨

一旦　　　　　　　　　艳羡阴具的萝莉

回归正轨　　　　　　　伦理道德的载体

殊不知

是她

释放的催产素

才产生了爱情

并滋生了亲情

而成立了家庭

她只愿

他不再用

为她争宠

而生长的犄角

而练就的肌肉

而多余的獠牙

再用来伤害她

如果有如果

她定不允许

让她创造的他

吞噬了自己

而宁愿

在原始汤里

做一只

简单分裂的草履

或者

默默地在实验室

克隆自己

让他永远变成

只用作

斗兽的奴隶

观赏的活体

博物馆里的古迹

……

2012.2.3

蜷缩

是蜗牛自保的漩涡

春天来不及送达的暖流

透过西伯利亚

捎来加衣问候

我冬眠的姿态

只期待在适当的时候

被你唤醒

却不知气候

冻坏了鱼雁

休克恶化成

长期病症

太阳不能融化

冷

满月却能

治疗一种相思

病

最多只是时差不同

我想告诉世界

我相信！

有了你

我便不同

否定是种勇气

却没人让肯定如此肯定

赛博时代的诗

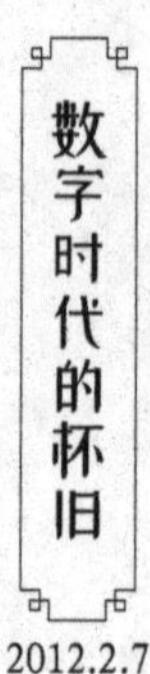

2012.2.7

数字时代的怀旧

青春的账号

是否因为久未登陆

而忘记密码

或因代码变化

散乱在

记忆的数据库中

无法解码

些年后

我们再次同步

更新的   升级了

不仅是昵称   旧时牵挂

还有陈旧的印象框架   修订的

以及   感情版本的 bug

彼此遗漏掉的记忆差   云端存储的

共享是   最终是

彼此的陌生   你我的 upgrade

一个码农的自白

你，我

在逻辑运算的

非或与中

循环着……

无论执行多少遍

不管报错多少次

我

始终都不曾偏离

你的初始条件

我写的每行诗

都是代码

只是

在你强行中断后

它无法继续执行

鼠标丢了

掉线后
会不再相识
没有鼠标
生活一片茫然
爱的代码
于光纤中失窃
还是协议不同
遭遇拒绝
眷恋伸张为
开发式的系统
在显示器前
你是我唯一的终端

我温柔地辐射
你的脸
微笑绽放
映红那未曾关注的夜
是谁设置
邂逅的桌面
和缩水的浪漫
而后迷落了帝国
是你是我
是 NET 虚构的 WEB
丢了鼠标
你是否找到 KEYBOARD

原文曾发表于 2012 年 6 月
发行的《海星诗刊》（台北）

古体诗词

2012.2.14

葡萄酒醉相思醒，
小雨无眠冷。
佳期不懂客乡愁，
依旧桃花声里笑春柔。

沙鸥落日潮花起，
独坐滩头里。
夏归秋未遇君还，
哽咽无言拂拭泪阑珊。

2012.2.7

月满凭台人瘦，
夜半浓茶温手。
转念送离时，
曾见满天星斗。
等候！
等候！
归后续别时酒。

中元节与月对饮

2014.8.11

银华泻水藏，
秀色宛初妆。
夜去迟云至，
楼台望影长。

月弦斜空半，
日归远处天湛。
华灯暖暖春风起，
抵不住冬寒。

静坐不闻人语，
但听犬吠连连。
异国好景近乡切，
人道有缺圆。

2018.09.07

暑处露白分秋色，
云低雷近雨如倾。
一城朗朗一城润，
半路潇潇半路晴。

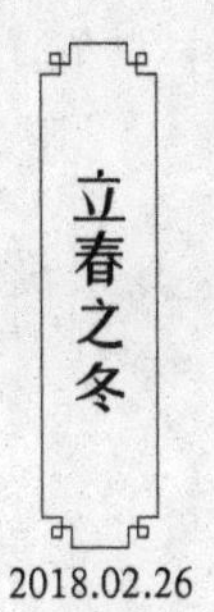

2018.02.26

冬枝未尽早春来，
夜雨连绵晓日开。
自是人间存暖意，
天公向是不惜才。

相见欢·冬雨

2018.02.12

雨拍窗外钩栏，
扰春眠。
梦醒伊人影浅、
恨团圆。

冬无露，
春未住，
酒才干。
鸿雁相思不寄、
待来年。

两天假期，从巴塞罗那驱车前往西班牙红酒产地 La Rioja 地区。
因健康原因未能品酒，收获诗词各一首。

2018.12.27

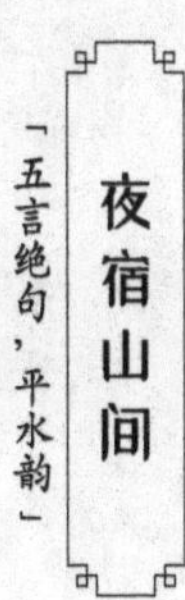

三台

「小令，词林正韵」

风洒花间翠绿，
露吹小脸微红。
山涧溪声见底，
路逢知己温情。

夜宿山间

「五言绝句，平水韵」

云深无日影，
道浅有山藏。
夜静虫鸣响，
衣单思念长。

暖春

中秋偶作

中秋秋未凉，
他乡乡不远。
遥寄相思意，
明月照心暖。

夜宿瓦伦西亚

远海孤船不撼浪，
近郊枯草怯冬黄。
夜居客栈随身雨，
半旅他乡思念长。

幽幽青山　百里相联

走兽穴回　飞鸟巢还

驰马戍边　子何期归

妾望深闺　与谁诉怨

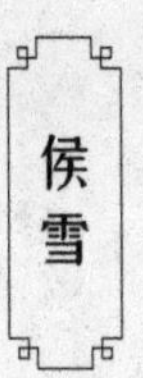

落暮寒鸦秋尽去，
桥头逝水渡孤舟。
轻烟薄雾听风语，
飘雪忽来问衾裘。

西月秦楼

西风不予春燕至，
月印佳人眉头浅。
秦宫深处心何在，
楼兰驰马君未还。

新年所作，与子共勉

初芽探新枝，
邹燕寻檐门。
可是冬将去，
今朝莫错春。

夜梦听琴

月入梦明清，
闻音辨尔来。
听琴才几阕，
不见东方白。

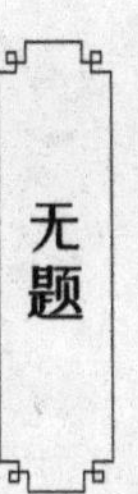

勤拂月色尘，
得照故乡人。
往来皆异客，
何处归家新。

赋诗赠友

我驻足窗台

只希望做

你路过桥上的风景

却不期沉浸在

自我意识的迷宫

你打着纸伞

穿过小巷的脚步

踩踏在我痴痴

凝视的雨中

定格的画面

是拙劣的蒙太奇

没有谁曾

心心相通

我不过是

你未曾抬头的背景

而你只是偶遇的陌生

我是困在镜中的你

十余年中

守望着你的美丽

记录着

你青春期的发育和叛逆

我耿直的性格

从来不适合你的期许

不会在你耳垂边窃窃私语

口述的赞美

总胜过一万次的镜照

或许，我只能

在你垂泪的妆台

用我惹满尘埃的躯体

逗你

发出往日的笑语

触摸忧伤

风影婆娑的浅浅

在你嘴角上扬的午后

咖啡弥漫

广场慢摇的熙攘

是我潜入音乐的背景

2014.1.5

公园睡去

谁忐忑的脚步

聆听叶凋零的离愁

夜灯醒来

可知等待的温度

是渐渐褪去冬衣的问候

念想虽小

抵抗得住理性

世间不大

难以分离爱慕

无欲

是美的距离

不求

若暗恋的尺度

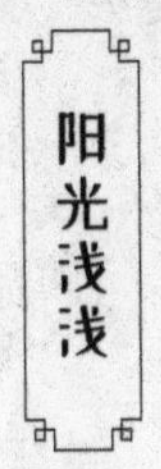

阳光浅浅

2012.1.13

花落雨后

爱随风散

一个人的房间

很大

装不下

孤单

你滴落的瞬间

无声

却若一枚胎记

印刻在

我生长的土地

渐次渗透

根里

我说

爱易欺骗

你摇头

朋友又未尝不曾

背叛

夜融化了昼的伪装

两个人的世界

很小

网不尽

欢笑

午后透过你

发鬓的阳光

浅浅

十年前

我把青春

寄养

如今你送我

一洼青田

徘徊

若我们美好记忆的快速离去

我只能欣赏

而无法抓住片刻的快照

更不可能中途折回

寻找回来的也只是琐细的争吵

海浮躁不安的波动

是要升腾成云彩再次坠落的快感

还是召唤曾经离去的情感

大地屏蔽天空　　我看得见风

留下雨倾诉着　　却感触不到它的速度

往日的早霞　　和空气的温度

滴落肩头轻吻　　在爱的公式里

入骨的痛　　我可以逐步

层叠的浓淡　　解出答案

若即若离的距离　　却无法明白

逃向天际线间的速度　　人类情感微妙的变量

是追随梦的脚步　　最终会产生多大的影响

灰色的风景　　音乐阻挡耳膜

仿佛我施舍情感的色彩　　逸出心宣告的

逃走吧！　　漠然姿态

从你幻想的爱情里　　转身瞬间的笑容

从我掩饰出的照顾里　　凝结在爱的祭台

但这不是败走　　放飞解脱的自由

而是委婉的胜利　　飘向死寂的太空

河川从车窗倒去　　左与右纠结于中点的徘徊

你割取走我的心
却不曾在空处安放
一粒种子
并用你的呵护
照看它未来的幸福

风也知道
将花的愿望
播放旷野
等待来年春天
细雨中摇曳的舞曲

一具无心的行尸走肉

如果不能珍藏
夜中哀叹

你又何苦贪心
才是最揪心的惊魂曲

去收集我的青春
是否会吵醒你

在福尔马林的浸泡下
起夜探看

日益肿胀的年华
那颗脱离了主人的器官

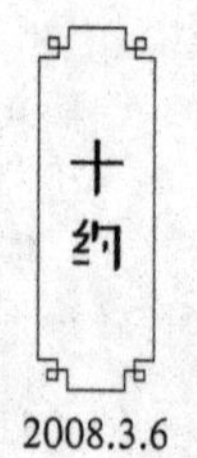

2008.3.6

那天

想吻你

却怕我的粗鲁

玷污了空气里淡凉的纯香

这个

我筹划了十年的约会

的确让你有些猝不及防

不时的接电

装饰了我魂不守舍的言谈

临别前

我的踌躇

是怕这次临别

又需要十年的筹划

临行前才发现

这些年改变的不仅是我的体型

我变得含蓄

你变得理性

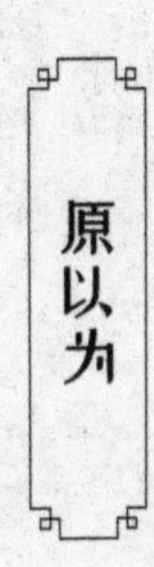

原以为
把时间倒回
我定会鼓足勇气
告诉你
我们现在彼此分离
又相思甚苦
若这样的表白
让你心动
那我们何不
一起改变
这过去的未来
但每次
在梦里
我依然只能
不远的观察你并表现自己
不近的假装不在乎你

生为霜降明明夜

日渐才成默默时

快意如今执子遇

乐听琴瑟永相知

晓月惊冬梦

琼华洒地银

归时之故土

家外雪积人

感动

为何你的不经意竟使我振颤

于那烦躁的午后和麻醉的清晨

我世俗的躯体在抖落灰尘的空中飘扬

黏附着赤裸的灵魂

鱼死在水里

见你欢愉的身影在我眼中摇晃

风哭了

泪干涸着

一如千年后的化石

沉迷着荒乱的视线

对不起，你只是在我偶尔想起的时候

妈妈把你送给

曾抱着你

羡慕过我的表弟

我心疼

可爱的灰熊

你灰暗的光泽

也随着

我成山的巴比、变形金刚和积木

褪色

于是

你只是在我偶尔想起的时候

拍拍你的尘土

捏捏你的小手

是年久

年迈地躺在墙角

但为何一开始

就是被我选中

月镶朗空
水嵌澈井
它们依旧

一群被嘲笑的猴
逢月晴水清
结成坚定的藤

延着银华
顺着井壁
那是虔诚

水从下至上
圆满了
各自的盛器

它们欢舞
为那盆盆的水月
和各自的梦

错过

太阳在秋岁时

粉黄地翠

一如裂而未遂的玻璃

摇曳不住西伯利亚的访客

和铺向大地丰盛的筵席

而我于收获季节的耕种

会不会

不谙你的农时

颗粒无收

云高不可攀

白白地蓝

像狗尾草挠养的脚心

掀开假寐的眼

并随吻月清风淡

我夏末留守的温热

为何不能

适应你习惯

中断南迁

散文诗

蝶恋花

心张开地绚烂，一切不为蜂鸣。

风固执着深入泥土的根茎，若唐吉诃德挥动的旧式长矛，挑翻了旧世纪教廷。而我逃避了生物繁衍的天命，至少还剩下你，为我翩翩起舞。

然而，上帝的智慧怎会因此愚弄？或许只是我还未发育成熟。

书上你我的分类永远不在同一个目录。最终也会因我，没有向天飞起的勇气，你会选择一只蝴。

那我为何还总是用你能破译的语言期待你的光顾，暗示你只为我而舞。即使在我随风而去种下了果实后，仍然那样翘首你从一而终。

心之涯

初到天涯，我迷失了方向。

在人马座与小熊座之间，我找不到北斗；于南极和北极黄道上，我丢了自己。

海水潮汐的声音是地球熟睡的喘息，在这细微的心跳中，我感受了它的疲惫——因为承受太重的压力。

在这个什么都可以出租的地方，我将灵魂量化成价格。天涯海角，任何实的虚的约束如没有设防的海堤。

我走在心之涯，看到了丑，也看到了美。

诞生

鼓起出生时的勇气时

却发现

已断了筋脉

毫无变化

例如

在吹一只破了的气球

在探出地面的刹那

就已发现连带的黑色月亮

然而无法换回

有如处身黑洞边缘

被阳光吸引

于是

父亲看见了秋后的收获

却不明白

我为什么哭

还以为自己患了职业病

整个宇宙

按牛顿的命令挤压着我

让我向一个方向运动

行着

　　云，像不断从笔尖流出的墨，滴入透澈的水中，慢慢散开，最终变浊，又像钢琴上从高而低的音符，轻快渐进沉重。四周的天只剩下北方还有一些光亮。车一路南行。

　　电台沙哑地播报着众所能见的气象信息。前方突兀的闪电伴随着低沉的雷声，城市向后退去。路边闪过的商场里挤满了抢购的人，他们还在为将来储藏些什么？

　　我想，至少要打电话给一个最亲密的人告别，同路的人又互不相识。

　　窗外已看不到灯光，偶尔有车驶过，又黑暗下来。迎面的车似乎是从另一个世界迅速逃离出来，只一声汽笛想要告知些什么，却没来得及。小孩每次都是一惊，母亲斜依在座位上，小心的抱着，唯恐这带走了它年幼的魂魄。

　　轮胎与路面摩擦的轰隆有些刺耳，但穿制服的中学生并没有注意，他只顾忙着自己手中的游戏机。到现在为止，或许这是唯一能了解他的东西吧。

　　远处不停的电闪映红了女孩的脸，她一只手拖着望向窗外的脸，另一只手轻轻的抚着躺在自己腿上的情人。两人用耳机的听筒连着。能和他一起走完人生，她希望两人在亲吻中老去。他并没有睡去，在抒缓的音乐中发誓，她将是他最后的女人。

　　开始缓慢晃动的雨刮器，刷扫着司机投在玻璃上的影子，但不能拂去他紧张的疲惫。他感觉自己有些力不从心了，从上车左眼就一直在跳。他并不相信预兆，而此刻，手心和额头都在微微渗汗。他转换了调频，希望听一些振奋的歌曲，昨晚打牌都已经够背了。

　　电台里放了中国早期的一些摇滚乐。这让前排的中年男子有些兴奋，他低声随和，并不时地向旁边的人讲些什么。此刻能听到热血沸腾的年轻，他眼睛都有些湿润了。

雨已经很大，坚硬的沥青路变的柔和。后排依稀传来的鼻鼾和咳嗽，想必是位老人。只有他不再痛苦，不再恐惧，不再为了未尽的人事而挣扎了。他梦见夕日的朋友，他们说什么都是身外物，活得快乐就很足够。我想就不要去吵醒他，即便是拣起落在地上盖身的衣服。

夜很深了，路不长了，车速开始慢下来。我突然发现，车里的每个人都很面熟。

放 飞

围固于钢筋水凝土的猿，一种既可触摸又难以求得的渴望是浴血奋斗的目的。就像那一枝红杏，总耐不住高墙内的寂寞——而谁又真正体会到夏娃明目后的幸福呢？

习惯是思维的鸦片，也是安于现状的镇静剂。若年少有所可笑，便已陷入行将就木的状态，因为存在而合理。

无法选择乃是选择。革命是压抑的结果。屈原徒为中国林总的节日增加一份同情，不如卫鞅首肯。贝尔特的等待还不至于使我们如此骑墙。

太阳每天都是旧的，日子被浆洗的发白，这便是凉开水的哲理。唯留下一双色盲的眼睛打量着世界，正如我只能用下定义的方式完成我的独白。娇嫩做作显得华丽下的苍白。

顿悟出闭塞。

偶尔，回归生命的根基，劳作于陶潜南山之下，无动于衷成了印象派的莫奈。常未感动过的内心竟透出窗口织起了网，打捞世界的尘沙。

来去匆匆在于了无牵挂——风飞翔的姿态也许象鸟——我曾听过其艰难拍打空气的声音，即使像那位俄国作家一生拥抱生命，最后却发现怀中是一具死尸，我仍要去拥抱。

放飞，自由触手可及。人又惯于喜新厌旧，打开门，再可关的才是智者。

亦幻亦真才是生活，明白得没文化，没底蕴。悟空莫非成人童话。瞬间感情也是一些人的活法，也罢。

别怕飞得太高。

梧桐夜雨

纣王戏言着实未看对象；那么楚怀王则很轻松的不必负担沦落江山的危险。

如果一切息如常态，我会继续编构我游戏人生的程序。

真的，我不愿：旦为行云，暮为雨。我更不愿我们之间仅有云雨。

几分钟之内击碎了我一生流浪的三峡固垒。随后，你又一次击碎我击碎流浪城堡后为你敞开的心扉。

就在那个午后，客套的言语终掩饰不住内心的痛楚，和你到别的刹那，我，泪眼盈眶。尽力克制住所有感情，匆忙穿过人生鼎沸的街市，在一茅屋前，止住了脚步，突兀的失落陡然如山洪扑来，我痛彻心扉。

企盼，你双手轻轻落在肩头，说："我，还在这，别哭。"然而，空旷的寂野，唯那寒日的笑语刺破我的幻觉。

风依旧吹，没有雨的日子是否因为不适应而有些空虚。

情书

原谅我并非有意给那只失恋的大雁徒增体重，从而论证得赢政口服心服。

这些字阴险地控制着我的笔，不然右撇子总是讥笑别人心脏偏左，水仙花变得面目狰狞，毒死所有温柔的老虎，我是女人。

所有苦难结成了一颗困惑的根，缘自李白用秋霜制的镜，死死压瘪着胃。就像我唱着自己也不懂的无聊时，你就有木棒敲开我的头颅去腌咸菜。

太阳一遍遍从东到西刮掉我柔嫩的外皮，一夜之间，附体的斯蒂芬逊三角兽，逼我购买了一张裸体观世音做广告的地域入场券。

你疯了！竟不知我的名字会在空中飘，特别在吹上下风时，不信你可以仍块石头 试试。你最好去医院看看，他们会告诉你比我少根肋骨。

那天，在雨夜，我当面质问海子为什么去山海关，他诡秘地一笑化作一只白狐，跳进了琼瑶头里。于是你可以读到一本《新聊斋志异》。

你勾起小指却像姜尚，那比姬昌还聪明的鱼咬红了整个渭河。

别疼，我的心。

斯人独憔悴

2001/7/4

我真想送你每夜的星辰

让你感觉我呼吸的均匀

虽然，很多时候，追近你的心情如等待揭开新娘婚纱的紧张。

我猜，这不是一种据为己有。

观察你生命成长的喜悦兼有雨巷的淡愁。

而总逃不出我似水的眼睛，假如他死了谁也不应悲伤的，起码要去陪葬。

寻找是不是件麻烦的事，去问问太阳吧。

2001/10/4

正如我丑陋的字体沾污了这精巧小本中的净纸，我已足够小心翼翼。

掩饰内心的张乱于恐惧，镂刻起一排排小气的苏州园林来显示对你的敬重。

心，自是有冲破引力的气量，遨游太空的遐想总载不动沉重的身体，最后只能重重的摔回地球。

虽然，不夸张有套印文字的雕虫小技，而这笨拙的笔在走出封闭就暴露了。往往向往大漠落日风情与高原草地胸怀，内我中，依然预示了文人的柔弱。不懂真正的散发荷尔蒙气息的雄性魅力，究竟可以征服世界还是女人。

大概可以并举吧。

我自身的体质真是难以承担任何爱的责任，仿佛这不是每天去做引体向上或跑步所能解决的，这存在一个性格问题。

假如，二十世纪八十年代是一个恐乱的年代，或者假如六十年代是一个丰富的年代，父亲的经历决不会成为我挡风的借口。然而，历史足以证明我的是幻想。那么，我的确只能"来去匆匆，了无牵挂了"，风过无痕因为没有形状，所以很难不捉住什么。

既然这样，你又如何解释呢？要么我就是个骗子，你也应明白的，但又为何甘心受骗的？风不会带去什么，而他带来的却有伤感的一幕幕悲剧特写。最终我就是千恶不赦的坏蛋。

2001/11/4

我承认，感觉不是那么伸手可触。

故当我喜欢花时，不让它存在是有独占的欲望。那自然爱情也成了自私的代称。

于是，你能接受改变主意的道歉 因为这使人受累。高山流水的音韵虽然仅有一人能懂。但每个人都有倾听的权利，除非排斥媒介的心波能沟通彼此，然而，不排斥其他听众的形式才能承载这声音。

其实，很多东西的美不在于体味到了蒙娜丽莎笑容的含义，形而上成为大众接受的方式。

所以，知音难求，更难得是求得后的态度，不是分配和拥有，而是存在于沟通。

很多时候，快乐来源于真实情感的表述。真如我接受你的小本时的感谢。

2001/12/4

南方或许不再造就我坚毅的品性。

做风有好些种，而我仿佛始终缠绕于雨的柔情。正如刚阳的火与阴柔的水同样可以致命，后者又常使人不寒而栗。曾经对白情有独钟，像冬季纷纷扬扬雪后世界的美丽。

偶尔却发现一块雪化后隐藏了的丑陋，陡然感觉虚伪渗透肌体。如果很长时间竖起的形象在瞬间打破，这是怎样一种悲痛，悲痛的失去理性。于是，心想黑暗靠拢。

发现做个坏人同做个好人同样艰难。后来便不与此种人同行。因为防范 也因为是风。我可以鼓动春回大地，也同样秋风秋雨愁煞人，任何一种性格尽情放任、浪迹天涯那是不去负担。

但不去面对真我那才叫不现实。

古墓游记

　　这恰是一副没有加任何意向但任何意向都可加的作品，古朴的像一冷峻的少妇。

　　这终年流淌的不是一颗心么。此刻能折射出天空心情的正是因为冰冻成的长镜被渡船在运动中虽然断开，最后还是断不开诗人的预言。今夜，再彻骨一次，破镜后千山万水找到的仍是一场难圆的梦。

　　我徜徉于一桩桩瘦长的雕塑，支撑他们的是对大地盘根交错的钟情。

　　对岸的火已经点燃，焚烧的结局剩下白骨的黑灰，希望甚至于幻想，只不过是曾在火的主体中存在，也如"烘烤的鱼梦见海洋"。

　　沿着台阶，我走向了巅峰，抬升我的竟是自己那一步接一步的擢升。内心深处告知：我该回家了，走的太久，太远。

　　穿过荒芜的坟地，那一座座树立僵直的墓碑，似乎在瞪大眼睛望着我希望我能走近，拂拭上面的灰尘，看看他们的名字，读读他们的生平。

　　我说"不行啊，先人们，不管你们生前多么荣耀抑或着不被人所知，不管你们为正义而亡抑或着冤屈而死——我还是要走我的路，我不愿背起任何一点重负。你们还是安息吧！"

　　我扬一把黄土为他们祭奠。

水

　　一群张牙舞爪扭曲着现代舞步的原始鼻祖，无意于创造却违背了初衷，嘟哼着唯一听众的楚文——人在难以抗争状态下应有所寄托。

　　产生意识，更早于意识产生。水，便是后猿类代表生物的依存。有人用水做了女人，她可以造就夏禹的成绩，同样毁掉了鲧和他的一切。秦嬴政绞尽脑汁，汉武帝劳民伤财……就如此，一场漫长的拉锯运动，在你来我往的摩擦中，服饰从天然走向天然。

　　水的冷漠体现在不管你用磨制石器或联合收割机；不管你是女娲亲手捏成还是累的时候用草根甩成。

　　水很深刻，象女人，在令你无限温柔的水域中锁住了咽喉，一种残酷于阳性的手段。

　　实干家终不是幻想家

　　马克思应是一名医，他用现代科技复活了百万个禹，而又何止让旗子怀疑丈夫有了外遇三过家门而不入。

妈妈——我的城堡

题记： 即已斑驳的巴比伦废墟

随意 掀起一方石土

尚能依稀听出一支欢与悲交协的西亚歌剧

我着手

重建家园——

一座属于我的家园

让世上所有的风儿都归宿在这里

旺盛的杂草

我要将你犁出一畦良田

然后

种上我的玫瑰花——

写满我的创意

也会绽放我的

绚烂

尽管

我只能种植一季

但那花蕊上晶莹着的

正是我的幸福

这里 营造一座擎天的宙宇

让他阻挡住

爬上你活波脸上的时间

这里

应有一曲曲的幽径

还有潺潺的流水

像我凝滞的笔流不急的思绪

再有——？

再建一袭白雪样的宫殿

干什么？

不告诉你

我要——

要——

迎娶我心中的公主

我的未婚妻

她一定在一排枫树下散步

静静等待

等待我

突然把她纤细的腰搂起

然后

摘一枚燃烧的枫叶

说：

我爱你——

我可以把那园中的一株玫瑰

别在她胸前

带给她我用草编织的戒指

她也肯定会明白我的心意

一起走过

那幽幽曲曲的小溪

———然而
我根本不曾想到
我积弱的躯体难以挡住
这场狂风暴雨
浸透了我的城堡
浸透了我纸贴的梦
我哭了
　"妈妈——我的城堡——"
　"妈妈——我的城堡——我要回家——"

鼻涕 泪水 雨
模糊了 天黑了
　"妈妈——"